F. DOMELA NIEUWENHUIS

LE MILITARISME

PRIX : 10 CENT.

Aux Bureaux des *Temps Nouveaux*, 140, rue Mouffetard, Paris

1901

Publications des « TEMPS NOUVEAUX » — N° 17

DOMELA NIEUWENHUIS

LE MILITARISME

ET L'ATTITUDE

des Anarchistes et Socialistes révolutionnaires

DEVANT LA GUERRE

Premier tirage : 10.000 exemplaires

PRIX : 10 CENTIMES

PARIS

Au Bureau des « TEMPS NOUVEAUX »

140, RUE MOUFFETARD, 140

1901

LE MILITARISME

ET L'ATTITUDE

des anarchistes et socialistes révolutionnaires

DEVANT LA GUERRE

Je commence par constater que nous serons tous d'accord que les guerres ne dépendent pas des fantaisies personnelles des princes ou des membres des gouvernements. Ceux-ci, en effet, ne sont que des instruments, des marionnettes placées en avant, tandis que les véritables auteurs restent au second plan. Ce ne sont pas les individus porteurs de couronnes et chamarrés d'or qui sont les véritables rois de la terre, non ! ce sont les financiers, les banquiers, les capitalistes. Les capitalistes eux-mêmes le savent très bien, point n'est besoin d'aller leur dire ces choses, mais le peuple, hélas ! n'en est pas encore suffisamment pénétré. Une anecdote très connue est là pour l'instruire à ce sujet. Il y a quelques années, lorsque l'Europe était encore une fois menacée de guerre, on donna à Paris un bal où étaient présents plusieurs diplomates et aussi Mme de Rothschild. Un de ces diplomates caressait le projet de danser avec elle et d'avoir, en causant, son opinion sur la situation qui, probablement, serait celle de M. de Rothschild. Aussi, bien vite notre diplomate ayant à son bras Mme de R... se promenait dans la salle de bal richement décorée et, après avoir causé avec elle de plusieurs choses indifférentes, il lui posa inopinément la question : « Eh bien : Madame, qu'en pensez-vous ? Sera-ce la guerre ou non ? » Alors Mme de

Rothschild donna une réponse si brève et si claire
que tout ouvrier pourra se la graver dans la mémoire,
elle est plus éloquente que des livres savants, que de
longues expositions. Elle répondit : « Non, Monsieur,
il n'y aura pas de guerre, car mon mari ne donne
pas l'argent ! »

Parfaitement ! Si les banquiers ne procurent pas
l'argent, les princes, les gouvernements ne peuvent
pas faire la guerre, car, comme dit l'ancien dicton :
Point d'argent, point de Suisses !

L'argent est le nerf de la guerre.

Pourquoi faisait-on la guerre dans l'antiquité? Pourquoi la fait-on encore aujourd'hui ? Tout d'abord
c'est la faim qui y pousse. Dans les temps primitifs,
l'homme sauvage avait un intérêt à faire la guerre.
S'il était vainqueur, il dînait de son ennemi. Plus
tard, sa position devint autre, mais la guerre restait
au fond la même chose. Le vainqueur faisait travailler
le vaincu à son profit. Il prenait le sol, les moyens de
production et de la sorte il pouvait mieux pourvoir à
ses besoins. Et c'est là le cas de nos jours comme au
moyen âge. Les industriels, les capitalistes produisent toujours plus, mais que doivent-ils faire de
leurs produits ? Ils doivent chercher de nouveaux
débouchés à leurs marchandises? Nos guerres modernes sont donc des guerres commerciales, sociales.
Au lieu d'augmenter ici le nombre des consomma-
teurs de sorte que ceux-ci achètent les denrées, on
cherche ailleurs un marché. Nos économistes crient
qu'il y a surproduction, puisqu'ils ont leurs magasins
bourrés, tandis que les producteurs n'en obtiennent
presque rien. C'est là un mensonge. Ce n'est pas
*sur*production, c'est *sous*-consommation qu'il faut
dire. Comme Fourier le disait un jour : Nous souffrons
la misère, parce qu'il y a trop. Nous avons faim
parce qu'il y a trop de pain, nous allons mal vêtus
parce qu'il y a trop d'habits, nous n'avons point de
souliers, parce qu'il y a trop de souliers. Voilà le
non-sens savant qu'on nous enseigne aux universités !
Donc on fait la guerre pour trouver de nouveaux
débouchés sur tous les points de la terre, afin d'écou-

ler les stocks. Nos guerres émanent de nos mauvais
rapports sociaux. Elles ont encore une autre conséquence : elles font un déblai parmi les peuples de
l'Europe, comme le faisait un jour remarquer un
général. Il y a tant de sans-travail ! Cela finit par cons-
tituer un danger. Si par une guerre on peut se débarrasser de tous ces éléments factieux, elle est une
véritable soupape de sûreté pour notre société.

Donc la guerre a un double but : se débarrasser
de marchandises et se débarrasser de gens embar-
rassants. Pourquoi donc les guerres? Parce que les
hommes d'argent la veulent, car par elle ils remplis-
sent leurs caisses. Et il faut que les coffres-forts
soient pleins, car pour la bourgeoisie l'argent vaut
mieux que les hommes. Gagner de l'argent, voilà le
but suprême de la bourgeoisie, et vous pouvez être
sûrs qu'un bourgeois sacrifierait sa propre patrie
plutôt que de perdre une occasion de s'enrichir.
N'étaient-ce pas des capitalistes anglais qui fournis-
saient aux républiques sud-africaines les canons et
les munitions qui serviraient plus tard à abattre les
soldats anglais? Le ministre Chamberlain n'est-il
plus un des grands actionnaires de la fabrique d'armes de guerre qui faisait de si bonnes affaires avec
ses fournitures aux républiques sud-africaines? Les
usines anglaises et allemandes ne vendaient-elles pas
aux Chinois l'artillerie et les fusils dont ceux-ci se
servent à présent contre les puissances unies?

Nous voulons illustrer par un exemple pourquoi
on fait la guerre et, à cette fin, nous allons développer
les dessous de la dernière guerre chino-japonaise.

L'argent ne vaut pas beaucoup. Un kilogramme d'or
vaut un peu plus de 3.200 francs, un kilo d'argent
un peu plus de 100 francs et encore la quantité
d'argent est beaucoup plus grande que celle de l'or.
Comme la valeur de l'argent est tellement inférieure
à celle de l'or, il est facile de comprendre qu'il faut
une quantité beaucoup plus grande du premier métal
pour avoir une valeur égale ; 32 fois plus d'argent
que d'or, puisque 32 fois 100 font 3200. Pour avoir en
argent la valeur d'une pièce d'or de 20 fr., il me faut

un poids de 32 fois celui de la pièce de 20 fr. Une pièce de 20 fr. pèse 6 gr. 7, donc quatre pièces de 5 fr. devraient avoir un poids de 32×6 gr. $7 = 214$ gr. 4. Si elles pèsent moins, il est évident que l'Etat nous vole. Or, une pièce de 5 fr. pesant 25 gr., quatre pèsent 4×25 gr. $= 100$ gr.; donc sur 20 fr. l'État vole à ses citcyens 114 gr. 4 d'argent, soit plus de 20 fr. En d'autres mots : pour la même pièce d'or de 20 fr. que la Banque nationale me paie quatre pièces d'argent de 5 fr., je devrais recevoir huit pièces de 5 fr. $+$ 2 fr. 50. On voit donc quels sont les véritables faux monnayeurs. Mais c'est un monopole de l'Etat que la fabrication de la fausse monnaie. Si un particulier fait la même chose, il ira à la prison, cela reste un privilège d'Etat.

Un jour, je vis une jolie caricature. Elle représentait le ministre de la justice derrière une table verte. Deux agents de police introduisent un monsieur très bien habillé, porteur d'un chapeau cylindre et d'une canne, qui se démène comme un diablotin entre les mains des policiers. C'est le ministre des finances, M. Pierson, ex-président de la Banque des Pays-Bas.

Le monsieur : Laissez-moi, je suis comme qui dirait le représentant de l'Etat des Pays-Bas.

L'agent : Fadaises ! Ce sournois est à la tête d'un complot, ils mettent en circulation des florins qui ne valent que 47 cents et demi ! (Un florin $= 2$ fr. $=$ 100 cents.)

Les gouvernements donnent donc l'exemple du faux monnayage. En Amérique, il y a des dollars d'argent en grande quantité, mais en Chine et au Japon on s'en sert également comme monnaie. Plus le prix de l'argent s'abaisse, plus on perd en recevant des dollars d'argent. Il fallait donc se débarrasser le plus possible de tous ces dollars et de tout cet argent.

Que faire ? La Chine et le Japon ont des dollars en quantité suffisante pour les affaires courantes. Seulement. lorsqu'il se passerait quelque chose d'extraordinaire, ils auraient besoin de plus. Donc les banquiers se mirent à l'œuvre. Des agents américains et européens furent envoyés aux deux pays — non pas

pour corrompre les autorités, que non ! les autorités
ne se laissent jamais corrompre, ce sont toujours
des gens honnêtes ! — mais enfin la Chine achetait
en Amérique des masses d'argent et, après l'avoir fait
pendant six mois, tout à coup la guerre fut déclarée.
Restait à savoir qui la gagnerait ? Pour les banquiers,
il était plus avantageux que la Chine perdît, car après
une telle guerre une des parties paie une indemnité
de guerre. Le Japon est un vaste pays, mais petit en
comparaison de l'étendue énorme de la Chine. Voilà
pourquoi la Chine peut se procurer de l'argent plus
facilement, en raison des grandes ressources naturelles de ce vaste empire. Donc le Japon était victo-
rieux et il fallait que le Chinois payât les dommages.

Cela constituait une excellente affaire pour les banquiers. La Chine emprunta d'abord 400 millions de
francs qu'elle reçut en argent, puis 72 millions qu'elle
reçut en argent, puis 44 millions qu'elle reçut encore
en argent. Donc elle reçut de l'argent avec obliga-
tion de payer les intérêts en or, autre source de gain
pour les banquiers qui avaient acheté tout cet argent
pour une quantité relativement petite d'or. Ils ga-
gnaient des fortunes. Alors ils se concertèrent, avec
les fabricants de vaisseaux, de canons et de fusils, que
tout ce que la Chine et le Japon commanderaient en
Europe devrait être payé en or, sur lequel on gagnait
encore une bonne somme.

Toute la guerre chino-japonaise ne fut donc qu'une
œuvre concertée par les financiers. Eh bien ! les financiers constituent la bourgeoisie. Toutes les guerres
sont également des guerres de banquiers.

Soldats, la bourgeoisie qui vous prêche que c'est
un honneur de servir la patrie se moque de vous dans
son cabinet, si vous êtes assez naïfs pour le croire ; elle
sait qu'elle vous trompe en vous disant ces choses.

Tout ce qu'ils vous content de « patrie », d' « amour
pour la dynastie », de courage, de fidélité, etc., ne
sert qu'à vous étourdir, qu'à vous éblouir de façon
que vous ne soyez plus capables de comprendre à quoi
on vous emploie.

Soldats, vous êtes les sentinelles devant les coffres-forts de la bourgeoisie. L'armée défend les richesses des banquiers. La classe possédante a si bien arrangé les choses qu'elle ne défend pas elle-même ses propriétés — elle est trop lâche, trop couarde pour cela ! — mais qu'elle les fait garder par les non-possesseurs. A leur point de vue, c'est logique. Mais comment signaler la bêtise, la moutonnerie de ces non-possesseurs, de ceux qui n'ont rien à perdre et qui se laissent employer comme chair à canon au service des autres, de leurs ennemis, les *possesseurs* ! Que les brebis soient tondues puisqu'elles sont les plus faibles, à cela il n'y a rien d'étonnant, mais que dire des brebis qui choisissent elles-mêmes leurs écorcheurs ! C'est là le comble de la bêtise et l'envie nous prend de crier à ces gens : Tu l'as voulu, George Dandin, tu ne mérites pas d'autre sort !

Les guerres sont rendues possibles par l'esprit militariste, artificiellement entretenu dans le peuple. Croyez-vous qu'un Chamberlain, qu'un Cecil Rhodes pourraient faire la guerre s'ils n'avaient pas eu soin d'avoir derrière eux un parti puissant ? La presse n'a-t-elle pas pendant des mois excité méthodiquement le peuple anglais contre les Boers ? Oh ! cette presse ! Or, l'appelle un bienfait et pourtant elle est dans les mains des capitalistes le moyen d'empoisonner toutes sources d'une vie populaire saine. Il y a des ligues contre la falsification des denrées pour la protection des animaux, mais où trouver la ligue qui protège le peuple contre l'empoisonnement de l'opinion publique par la presse qui, tous les jours, verse son venin goutte à goutte et paralyse les cerveaux de milliers d'hommes ?

On veut prétendre que l'esprit militariste diminue beaucoup.

Où sont les preuves pour cela ? Ce ne sont que des mots en flagrante opposition avec la réalité. Toute la vie humaine subit dès la plus tendre jeunesse l'influence du militarisme, influence incroyablement forte et qui la pénètre entièrement, bien plus que ne le pensent la plupart des hommes qui ne réfléchissent guère.

Je vais vous montrer combien la société est imprégnée de l'esprit militaire. En quoi consistent pour une grande partie les joujoux des enfants ? Entrez dans les bazars et regardez autour de vous : ce ne sont que sabres, fusils, écharpes, drapeaux, tambours, casques, qui vont accoutumer les enfants dès le premier âge à manier avec une certaine prédilection des instruments de massacre. Puis on y voit des fantassins et des cavaliers en plomb, de grandes forteresses, des canons et autres choses semblables que l'on donne comme joujoux. Au lieu d'éloigner d'eux tous ces objets, on les leur rend familiers. Jouer aux soldats est une occupation favorite et combien les grands savent spéculer sur les préférences de la jeunesse, on peut s'en rendre compte lorsqu'on voit une troupe de soldats traverser nos rues, musique en tête, sur le rythme d'airs gais et enivrants, entourés de nuées d'enfants, qui naturellement pensent : Lorsque je serai grand, je veux aussi marcher dans les rues en si belle tenue !

Dans l'enseignement, l'esprit militaire joue un grand rôle.

Voyez les livres d'images : combien grande est la place qu'on y cède aux soldats et aux combats! Les livres de lecture contiennent toutes sortes de récits d'actes d'héroïsme sur le champ de bataille. Quels sont nos héros ? Non pas de préférence ceux-là qui se sont distingués dans le domaine de la science et de l'art, qui faisaient des découvertes, des inventions utiles, mais toujours et partout des hommes de guerre. L'histoire est partout un enchaînement de batailles et elle ne revient que trop souvent au refrain monotone : Celui-ci défit celui-là et fut un prince puissant. L'esprit de guerre est cultivé chez les enfants aussi bien par les joujoux qu'on leur donne que par les livres d'images, et ainsi s'introduit chez les enfants, en jouant, une fausse direction d'esprit, bien souvent sans que les éducateurs le veuillent ou le fassent par préméditation. N'est-il pas faux de présenter aux enfants sous le nom de héros exclusivement ceux qui manient le fer et le feu, qui se distinguent au champ de bataille ?

Comme si un Luther, lorsqu'il s'en alla à la diète de Worms malgré l'avis de ses amis en disant : Fussent-ils à Worms autant de diables que de tuiles sur les toits, j'irai tout de même ! ne montra pas plus de courage que la plupart des militaires n'en montrent au « champ d'honneur », lorsque dans un coup d'étourdissement ils font preuve de toute leur bestialité au détriment de leur prochain ! Comme si un Zola, en lançant à la face de tout le monde militaire et politique son *J'accuse,* ne fit pas preuve d'un héroïsme bien plus grand que celui de tous ces galonnés qui s'en vont, avec leur artillerie à longue portée, faire la guerre à des aborigènes mal armés dans d'autres parties du monde. Comme si un médecin qui brave la mort en allant visiter des malades contagieux et en étudiant des maladies dangereuses ne montre pas plus de courage moral que le premier sabreur venu qu'on loue en raison du nombre de gens qu'il a tués, comme les Dayaks des Indes orientales respectent le plus le guerrier qui peut montrer le plus grand nombre de crânes d'ennemis décapités de sa main. Le patriotisme ne rapporte-t-il pas régulièrement leurs surnoms : le Grand, le Glorieux, etc., à la manière dont ils se sont distingués sur le champ de bataille? Ne parle-t-on pas de « guerres saintes », de « devoirs nationaux » et de pareilles choses avec lesquelles on égare la raison des peuples?

Dans tous les pays, le roi est soldat en premier lieu. A peine un petit prince sait-il se tenir sur ses jambes qu'il est bombardé lieutenant et il semble naturel que tous les princes soient chefs d'armée ou de flotte. L'idéal de l'empereur Guillaume II est d'avoir dix fils et de faire de chacun le chef d'un des grands corps d'armée. Pourquoi les princes se montrent-ils en toute occasion en costume militaire ? Pourquoi ouvrent-ils les sessions parlementaires revêtus de l'uniforme de général de hussards ou chefs d'infanterie ? N'est-ce pas pour bien montrer aux parlements qu'en cas de besoin ils se moqueront bien des décisions parlementaires et que l'épée, une fois tirée, pèse plus que cent discours ? Le président de la République française n'a-t-il pas une maison militaire ? Notre jeune reine n'a-t-elle pas, elle aussi, sa maison militaire ? A quoi sert cela ? Pourquoi le ministre dont le ressort comporte les forces de terre porte-t-il le titre de « ministre de la guerre » ? C'est comme si ses fonctions étaient celles de faire la guerre ! On ferait peut-être mieux en décernant aux ministres de la guerre et de la marine les titres de « ministres de querelles sèches et mouillées ». Tout concourt à éveiller chez les princes une prédilection pour les affaires militaires et à se regarder comme des spécialités sous ce rapport. Ainsi toute la vie est imprégnée d'un esprit militariste et quoique tous les hommes, pris séparément, haïssent la guerre d'une haine absolue, nous voyons néanmoins que tous ensemble font de leur mieux pour favoriser la guerre. Proudhon pourrait encore rêver que la paix serait l'œuvre du dix-neuvième siècle; quant à nous, nous sommes moins optimiste et n'osons point encore affirmer qu'elle sera l'œuvre du vingtième.

Tout ce qu'on a fait dans les derniers temps, c'est d'avoir ajouté au militarisme l'hypocrisie. On feint l'amour de la paix par des paroles, mais de fait on se prépare à la guerre. La comédie la plus dégoûtante qu'ont jouée les détenteurs de la force comme finale pour ce siècle, c'est la comédie de paix faite à la Haye en 1899. Il n'existe pas de plus grande hypocrisie que ce message de la paix, adressé aux puissances par l'empereur de toutes les Russies, dans lequel il est dit que le maintien de la paix générale est l'idéal vers lequel doivent tendre tous les efforts de tous les gouvernements. Et voyons à présent ses actes !

20 sept. 1898. Ordre d'augmenter et de fortifier la flotte de canonnières dans la mer Caspienne.

15 nov. 1898. Décision de faire construire deux nouveaux cuirassés jaugeant 12.674 tonnes.

1ᵉʳ déc. 1898. Bannissement de 5.000 Doukobors de la Caucasie russe, qui sont forcés d'émigrer au Canada parce qu'en hommes pacifiques ils ne voulaient pas porter les armes.

4 décembre 1898. Assassinat prémédité de prisonniers politiques, commis à Irkoutsk, en Sibérie, par ordre du commandant militaire.

14 déc. 1898. Ordre de construire dix nouveaux contre-torpilleurs.

20 déc. 1898. Le ministre de la marine publie, annonce avoir estimé à plus de 90 millions de roubles la construction de nouveaux vaisseaux de guerre, de nouveaux docks pour la marine de guerre à Saint-Pétersbourg, en Finlande et à Port-Arthur. Augmentation de la flotte de 4 cuirassés, 6 croiseurs, 2 canonnières et création d'une flotte de torpilleurs et de contre-torpilleurs.

12 janvier 1899. Remise du budget avec une augmentation de 34 millions de roubles pour l'armée et de 16 millions pour la flotte.

18 janv. 1899. Les troupes russes aux frontières de l'Afghanistan sont portées au nombre de 20.000 hommes prêts à marcher sur Hérat.

Trois régiments sont envoyés à Helsingfors pour obtenir de force du parlement finlandais l'augmentation des troupes en Finlande.

19 janv. 1899. Le ministre de la marine fait construire un nouveau croiseur de première classe de 6.250 tonnes et deux torpilleurs de 350 tonnes.

Puis on décrète la construction de 3 cuirassés de 12.700 tonnes et de 2 croiseurs de 6.000 et de 3.000 tonnes.

Vive la conférence de la paix, de la paix consistant dans une augmentation incessante des forces de terre et de mer !

Aucun budget dans aucun pays n'est diminué d'un sou après la comédie de la paix !

Le budget de l'Angleterre pour l'exercice 1899-1900 surpassa le précédent de 25 millions de francs, tandis que le contingent de l'armée fut renforcé de 1.493 hommes et de 5 batteries avec, en perspective, 10 autres batteries pour 1900.

Le gouvernement allemand proposa immédiatement après une augmentation de 23.277 hommes à réaliser dans quatre ans, ce qui a été accepté avec remise d'une troisième partie. Et les projets de l'empereur corcernant la flotte ont été acceptés en principe.

Est-ce là, oui ou non, de l'hypocrisie ? Tous, soi-disant, veulent la paix et cependant les armées augmentent et les dépenses militaires se font toujours plus lourdes !

Mais aussi que peut-on attendre d'un tsar comme préconiseur de la paix, de celui qui, dans une même année, dans l'année même du message de la paix (1898), a envoyé en Sibérie pas moins de 1.000 détenus politiques pour y mourir d'une mort lente mais sûre, qui fait quitter le pays à 20.000 citoyens pacifiques à qui il ne restait pas d'autre moyen de se soustraire aux maltraitements pacifiques (!) du gouvernement tsariste.

Mais probablement on s'arme jusqu'aux dents par seul amour de la paix et les puissances font preuve de leurs intentions pacifiques en poussant jusqu'à la folie les dépenses militaires et les contingents d'armées.

C'est là l'application du mot ailé : *Si vis pacem, para bellum*. Cette théorie ne peut pas être mieux démontrée dans toute son absurdité que par cette causerie entre voisins :

Voisin A. — Mon cher voisin, comme je suis bien aise que nous ayons toujours vécu en bonne entente ! Voilà pourquoi j'ai acheté une bonne trique, regarde voir.

Voisin B. (*examinant la trique*). — En effet, voilà une bonne verge. Avec cela on pourrait à merveille enfoncer un crâne. Combien c'est heureux que nous vivions en bonne intelligence ! Donc je vais m'acheter, moi aussi, une trique pareille, bien que j'aie plutôt besoin de mon argent pour le ménage.

Quelque temps après :

A. — Regarde, voisin. Je me suis défait de ma trique en la donnant à quelqu'un qui était moins civilisé, car, tout bien considéré, c'est une manière d'agir très grossière que de s'assommer avec un bâton. Voici un sabre qui est bien plus facile à manier et bien plus élégant. Je suis si content de m'entendre si bien avec mes voisins et de vivre tous en paix.

B. (*examinant le sabre*). — Oui, pour sûr qu'il est
heureux que nous soyons des chrétiens. Le christianisme, c'est l'amour et la paix. Donc je vais par bien-
séance me procurer aussi un sabre. Une trique, c'est
après tout un peu... païen.

Encore quelque temps après :

A. — Eh! voisin, viens donc voir! Tiens, j'ai un
fusil. C'est infiniment plus efficace qu'un sabre.
Pourtant je le garde... puisque nos relations sont si
pacifiques. Mais je prends le fusil avec.

B. (*examinant le fusil*). — Bon! je vais acheter aussi
un fusil.

Rentré chez lui, B. dit à sa femme :

— Donne-moi quelques francs pour un fusil.

La femme. — Es-tu fou ? Un fusil ? Je n'ai pas de
quoi acheter des habits pour les petits.

B. — Eh ! emprunte un peu d'argent !

La femme. — Je ne peux plus me défaire de rien
pour le donner comme gage.

B. — Nos enfants deviennent plus grands et plus
forts. Ils payeront bien la dette que nous faisons et ils
céderont une partie du fruit de leur travail pour payer
les intérêts.

Les enfants crient : Nous avons si faim!

B. — Taisez-vous ! Je ne peux souffrir le mécon-
tentement. J'aime la liberté et à chacun de vous je
permets d'avoir faim tant qu'il lui plaira, pourvu
qu'il ne commence pas à devenir mécontent.

La mère et les enfants se mettent à pleurer et, par
pur amour de la paix, il leur est administré une
bonne raclée.

Et cela continue ainsi entre les deux voisins.

Ils arment quelques-uns de leurs enfants afin de
pouvoir mieux vivre en paix ensemble et pour
faire passer à tabac les autres enfants et les faire
fusiller par leurs frères armés, quand la misère les
pousse à se révolter contre l'autorité paternelle. Ainsi
les divers ménages continuent à vivre une vie de
misère.

Toujours on achète de nouvelles armes pour lesquelles on trouve toujours l'argent nécessaire, mais

aux affamés on refuse du pain. Chaque année, les voisins viennent se donner mutuellement l'assurance qu'il y a entre eux parfaite entente et que la paix ne court aucun risque d'être troublée.

Que dirait-on de voisins qui agissent de telle sorte ?

Ou bien on les enfermerait dans une maison de santé, ou bien on les mettrait en prison, pour maltraiter leurs enfants.

Et pourtant les rapports entre les puissances sont de fait exactement les mêmes. Chaque année, les peuples dégustent des discours semblables prononcés avec un front d'airain dans les parlements et les gouvernements traitent les peuples juste de la même façon que les voisins traitent leurs enfants.

Déjà, il y a cent cinquante-neuf ans, Montesquieu écrivait les paroles suivantes qui sont vraies aujourd'hui encore et d'une actualité comme s'il les avait écrites hier :

« Une maladie nouvelle s'est répandue en Europe ; elle a saisi nos princes et leur fait r retenir un nombre désordonné de troupes. Elle a redoublements et elle devient nécessairement contagieuse, car sitôt qu'un Etat augmente ce qu'il appelle ses troupes, les autres soudain augmentent les leurs ; de façon qu'on ne gagne rien par là que la ruine commune. Chaque monarque tient sur pied toutes les armées qu'il pourrait avoir si les peuples étaient en danger d'être exterminés ; et on nomme paix cet état d'effort de tous contre tous. Aussi l'Europe est-elle si ruinée que les particuliers qui seraient dans la position où sont les trois puissances de cette partie du monde les plus opulentes n'auraient pas de quoi vivre. Nous sommes pauvres avec les richesses et le commerce de tout l'univers et bientôt, à force d'avoir des soldats, nous n'aurons plus que des soldats, et nous serons comme les Tartares. La suite d'une telle situation est l'augmentation perpétuelle des tributs, et, ce qui prévient tous les remèdes, on ne compte plus avec les revenus, mais on fait la guerre avec son capital. N'est-il pas vrai de voir des Etats hypothéquer leurs fonds pendant la paix même et employer,

pour se ruiner, des moyens qu'ils appellent extraor-
dinaires, et qui le sont si fort que le fils de·famille
le plus dérangé les imagine à peine. »

Appliquez ces paroles à notre société et demandez-
vous si elles ne sont pas vraies mot à mot, si les gouvernements n'ont pas ouvert un concours, pour voir
lequel d'eux aura le plus vite mené le peuple à une
ruine complète.

On parle d'humaniser la guerre ! Peut-on être plus
hypocrite ? L'idée d'humaniser la guerre est aussi
ridicule que celle d'améliorer les prisons. A quelques
améliorations sans importance près, on ne peut que
démolir les prisons. De même il ne reste rien que
d'abolir les guerres.

Est-ce que les balles « humanisées » ne feraient pas
de victimes? Ou bien veut-on en fabriquer munies
d'un emplâtre qui panse de lui-même la blessure faite
par la balle?

Non-sens! Ne vous servez pas de balles, voilà ce qui
vaut mieux que d'employer des balles humanisées!

L'humanisation de la guerre ! — Peut-être sous
les égides de l'empereur Guillaume d'Allemagne qui,
au nom de la civilisation, combat les Chinois incivilisés en n'accordant pas ·de pardon, en enfilant à la
baïonnette femmes et 'enfants ! Europe, couvre ta
face à la nouvelle de telles barbaries !

Mais les Chinois incivilisés ont approfondi les Européens civilisés! Il y a·peu de temps, un savant chinois
écrivait sur leur compte :

« D'abord viennent les hommes aux habits noirs
(les missionnaires), qui prétendent nous ouvrir gratis
les portes du ciel.

« En vérité, ils se font les espions des hommes en
habits blancs.

« Ceux-ci viennent et font ‹ ↑ commerce avec nous,
nous trompent et nous esc⌐ quent. Mais lorsque
nous demandons des compte‹ . ces hommes blancs,
il arrive enfin des hommes en habits multicolores
avec des canons et des fusils et... qui nous tuent ! »

Voilà bien la description du capitalisme mondial,
international : autel, coffre-fort et armée !

Si je ne me trompe, nous avons devant nous une
période de réaction. Rome est plus puissante que
jamais, surtout par les capitaux dont elle dispose et
par une bande de prêtres sur lesquels elle peut compter : *perinde ac cadaver* ! Eglise et armée marchent
de front et le capitalisme proclamera plutôt le pape
chef du monde que de donner au peuple ses droits. Le
bourgeois, qui, soi-disant, déteste la guerre, veut des
gouvernements forts, pour tenir dans une obéissance
aveugle les masses des ouvriers, et des parlements
pour donner une sanction apparente à leurs actes.
Ils ferment les yeux sur la situation économique
déplorable, fous qu'ils sont! Ils déclarent détester la
guerre et ils font tout pour conserver ce qui provoque
la guerre ; ils méprisent le but et cultivent les moyens
qui, par une nécessité inéluctable, conduisent à ce
but !

La réaction, c'est le parti de l'autorité qui s'étend
de Rome jusqu'à la social-démocratie, du pape jusqu'à
Marx, *une* masse réactionnaire contre les anarchistes
et tout comme Louis Blanc, le vieux socialiste, qui
vota avec toute la bande cléricale pour déclarer que
Thiers, Mac-Mahon, Galliffet avaient bien mérité de
la patrie pour avoir étouffé la Commune dans le
sang de ses combattants, nous voyons à présent les
social-démocrates faire cause commune avec les
assassins de la Commune, l'un en déclarant qu'en
1871 les Parisiens auraient mieux fait de rester à dormir (Vollmar), l'autre en allant siéger dans un ministère avec un des pires assassins et de fraterniser ainsi
avec lui (Millerand).

L'autorité ne peut rester debout sans le militarisme,
sans les moyens de se maintenir par la force contre
quiconque s'oppose à elle. Nous autres anarchistes,
ne pouvons donc compter que sur nous-mêmes et sur
les socialistes révolutionnaires et libertaires.

Et, à présent, quelle doit être notre attitude envers
le militarisme ?

Voilà la question principale qu'il faut bien envisager. Avec des phrases et des déclarations platoniques
par lesquelles nous mettons les classes dirigeantes

responsables devant l'histoire et devant l'humanité,
nous n'avançons guère. De telles résolutions sont
excellentes pour les conférences et les congrès de la
paix. Les gouvernements vous rient au nez et vont
tout doucement leur train accoutumé.

Si en 1891, au Congrès international de Bruxelles,
les socialistes avaient eu le courage d'accepter la réso-
lution que les socialistes répondraient à une décla-
ration de guerre par la grève générale, je crois — je
suis assez naïf pour ça — qu'en dix ans une énergique
propagande de cette idée nous aurait menés bien plus
loin que nous ne sommes à présent.

Où est le temps où Jules Guesde écrivait :

« Nous sommes résolus, et les partis socialistes doivent l'être aussi, à jeter la Révolution dans les jambes
des armées en marche.

« Il faut crier aux canons que l'on roule et que l'on
charge : On ne passe pas! On ne part pas ! »

Le socialisme a une vocation révolutionnaire et libé-
ratrice, mais alors il faut qu'il *ose*, et que lorsqu'on
voit les puissances alliées commettre le crime de jeter
sur le monde les maux de la guerre, il dise ce qu'il
y a un siècle Danton disait, à la tribune, des princes
alliés, en faisant une allusion au sort de Louis XVI :
Jetons-leur en défi une tête de roi! S'il osait déclarer
cela par rapport à la libération politique, nous devons
par rapport à la libération sociale, infiniment plus
importante, donner à ce mot le développement nécessaire, afin qu'on sache quel sera le sort de ceux qui,
pour servir leurs intentions rapaces, conduisent les
peuples à la boucherie.

Ce que nous devons faire contre le crime des gou-
vernants, des capitalistes? Le moyen est tout trouvé.
« Si les soldats commencent à penser, aucun d'eux ne
restera dans les rangs. » Donc penser, voilà ce qui
changera la situation du peuple. Or, le socialisme porte
à penser et rien de ce qui peut être fait dans ce sens
ne doit être négligé.

Enumérons d'abord quelques moyens tendant à res-
serrer plus fortement les liens qui unissent les peuples.
Emile de Laveleye en donne quelques-uns dans son

excellent livre : *Des causes actuelles de guerre en Europe et de l'arbitrage*. Tout à l'heure nous compléterons la liste.

I. Diminution (lisez : abolition) des droits d'importation, traités de commerce et de réciprocité et, s'il se peut, abolition complète des douanes. Tout ce qui isole les hommes les pousse à la guerre; tout ce qui les met en relation les incline à la paix.

II. Réduire les tarifs de transport des marchandises, des lettres et des télégrammes, afin de multiplier, autant que possible, l'échange des produits et des idées.

III. Adopter le même système de monnaies, de poids et mesures et de lois commerciales, non seulement afin de faciliter les transactions, mais pour que cette uniformité fasse sentir, d'une manière pratique, aux différents peuples la puissance du lien qui les rattache.

IV. Accorder aux étrangers les mêmes droits civils qu'aux nationaux, afin que l'homme retrouve partout une patrie et qu'un sentiment de fraternité cosmopolite remplace peu à peu celui de la nationalité exclusive.

V. Favoriser l'enseignement des langues étrangères, de la géographie, et de toutes les notions se rapportant à la situation des pays étrangers. Quand les peuples se connaîtront, ils verront que partout il y a des hommes de même nature avec les mêmes besoins et les mêmes intérêts.

VI. Multiplier les livres et les ouvrages d'art qui font chérir la paix et détester la guerre, proscrire ceux qui la font aimer.

VII. Appuyer partout tout ce qui peut donner force et efficacité au système représentatif, et notamment enlever au pouvoir exécutif le droit de guerre et de paix.

Le peuple entier devra décider de son propre sort, et la question de guerre ou de paix est une question d'appel au peuple, mais de telle manière que ceux qui voteront pour la guerre seront obligés de s'enrôler à l'armée et d'aller combattre.

VIII. Favoriser les entreprises industrielles qui appliquent les épargnes d'un pays à mettre en valeur les richesses naturelles des autres pays de façon que, le capital devenant cosmopolite, les intérêts de tous les capitalistes deviennent solidaires.

IX. Le clergé devrait, à l'exemple des quakers, faire pénétrer dans les âmes cette horreur de la guerre qui est l'esprit même du christianisme et qui distinguerait enfin les chrétiens des sauvages.

Laveleye a encore quelque confiance dans les prêtres, quoiqu'il ait reconnu que dans l'histoire on aperçoit partout des guerres causées par les prêtres ou en tous cas soutenues par eux, et qu'il n'ait jamais vu que les prêtres ont empêché jusqu'ici une seule guerre. C'est pourquoi le dernier point est très faible. Ce sont les prêtres qui bénissent les armes, les drapeaux. Ce sont les prêtres qui célèbrent un *Te Deum* pour remercier Dieu pour le triomphe de l'armée et pour la défaite de l'autre.

Cette hypocrisie de la religion est une des plus grandes bassesses par lesquelles on déshonore la mémoire de Jésus-Christ.

Sans un mot de protestation, l'empereur Guillaume II a pu dire à ses soldats, à l'occasion du serment de fidélité : « Vous m'appartenez corps et âme. Il n'existe aujourd'hui pour vous qu'un seul ennemi, c'est celui qui est mon ennemi. Avec les menées socialistes actuelles, il pourrait arriver que je vous ordonne de tirer sur vos propres parents, sur vos frères, même sur vos pères, sur vos mères (que Dieu nous en préserve); mais alors vous devriez obéir à mes ordres sans hésiter. »

Ce chrétien (!) dit donc ouvertement, et sans protestation de l'Eglise chrétienne, que ceux qui servent dans l'armée sont à son service et doivent être prêts, pour son profit, à tuer leurs frères, leurs pères et leurs mères !

Tolstoï est si indigné de ces mots sacrilèges, qu'il dit : « Cet homme malade, misérable, ivre de pouvoir, offense par ces paroles tout ce qui peut être sacré pour l'homme moderne, et les chrétiens, les libres penseurs, les hommes instruits, tous, loin de s'indigner de cette offense, ne la remarquent même pas.

Maintenant nous allons ajouter aux moyens de La veleye quelques autres, qui seront encore beaucoup plus efficaces.

X. La faveur à accorder aux intérêts internationaux des travailleurs. Il y a une Internationale jaune, c'est le syndicat des capitalistes, qui font cause commune contre les travailleurs, beaucoup plus que les travailleurs entre eux, contre les capitalistes. Il y a une Internationale noire, c'est Rome avec son armée de prêtres et religieuses, qui pénètre dans les cercles les plus intimes, c'est-à-dire dans les familles, pour faire son travail souterrain. Il nous faut une Internationale rouge, carrément révolutionnaire. La guerre n'est jamais un bien pour les travailleurs, et quand ceux-ci comprendront leur intérêt, ils seront un frein contre les machinations malfaisantes des gouvernements. Travail et guerre — voilà des antithèses.

Le soldat ne donne pas à la société du travail productif; au contraire, il vit aux dépens du travailleur productif. Supposez une société composée de 5.000 habitants, parmi eux on a 1.000 adultes, les hommes qui, par leur travail, entretiennent la société. On en prend 200 pour le service militaire : quelle est l'influence sur le bien-être de la population ?

Auparavant chaque travailleur entretenait 5 personnes, 4 autres et soi-même ; mais après ils restent 800, qui doivent entretenir les 4.000 autres et aussi les 200 ci-devant travailleurs, c'est-à-dire 4.200 personnes. Chaque travailleur doit entretenir 5.000, divisé par 800, égale 6,25 personnes ; donc, au lieu de 5, il faut entretenir 6,25 personnes. A mesure que les armées augmentent, le nombre que les travailleurs ont à entretenir augmente aussi. Quelle pression sur le bien-être de tous ! Mais encore pis, il ne produit pas, il détruit ; le soldat est un travailleur improductif, mais aussi un travailleur qui détruit en outre le travail des autres.

Les animaux sont supérieurs aux hommes. Ils tuent pour obtenir une proie pour pouvoir vivre, mais les hommes, les êtres les plus cruels de toute la créa-

:ion, sont les seuls qui tuent pour tuer. Et ils le font avec un tel raffinement, avec une telle cruauté que le chat qui joue avec la souris, avant de la dévorer, est un :nfantillage en comparaison avec eux. Dans le monde des animaux il y a un oiseau, le Cariama, qu'on trouve dans certains jardins zoologiques, qui a un dégoût pour les oiseaux querelleurs. On peut le dompter facilement et on lui a donné une place dans le poulailler, où il a la fonction d'agent de police et de juge. Quand deux coqs sont en compétition pour la même poule et vont se battre jusqu'à la mort, le détenteur de la paix fait son devoir sans considération de personne, et donne à tous les deux quelques piqûres avec son bec. Si quelque être semblable à cet oiseau faisait son devoir parmi les hommes, il aurait les mains pleines de travail.

Novicow dit : « Il y a d'abord les 3.300.000 hommes qui sont sous les drapeaux. S'ils n'étaient pas soldats et se livraient à des besognes lucratives, en gagnant seulement mille francs par tête, ils pourraient produire 3 milliards 800 millions de francs. Les 4.500 millions absorbés aujourd'hui par les dépenses militaires rapporteraient bien 5 0/0, s'ils étaient placés en entreprises agricoles et industrielles. Cela fait encore 225 millions. Les vingt-huit jours des réservistes peuvent bien s'évaluer à 200 millions, au plus bas mot. Voilà donc 4.225.000.000 absolument palpables. Mais combien de pertes colossales échappent à toute évaluation ! Les capitaux produisent des capitaux. Si ces milliards étaient économisés tous les ans sur les dépenses militaires et versés dans les entreprises nouvelles, ils produiraient des bénéfices qu'il est absolument impossible d'évaluer.

Le travail est donc pour produire, la guerre pour détruire : quelle peut être la relation entre ces deux antipodes ? Les travailleurs sont conduits à la guerre comme du bétail, ne sachant même pourquoi ils se battent. Vous connaissez le dessin de Hermann-Paul dans le *Cri de Paris* ? Sur le bateau qui les mène en Chine, deux soldats sont assis : un Français et un Allemand. Ils causent amicalement dans l'oisiveté de

l'interminable voyage... dont ils ne reviendront peut-
être pas. — C'est drôle, dit l'un, je ne me rappelle
pas à cause de quoi qu'on s'est battu en 1870.

— Moi non plus, répond l'autre.

Et le bateau les emporte vers les champs de bataille chinois sans savoir à cause de quoi ils vont se
battre maintenant.

N'est-ce pas stupide de se laisser tuer pour le plaisir, pour les avantages des autres, car quel avantage
le travailleur peut-il tirer de la guerre? Les liens internationaux des travailleurs auront une fois comme
conséquence qu'ils vont mettre un frein à la cupidité
et à l'ambition des puissants de la terre. L'Internationale des rois, c'est la guerre pour opprimer les
peuples et les tenir en esclavage selon la volonté des
oppresseurs. L'Internationale des travailleurs, c'est la
paix, car les travailleurs ont besoin de la paix pour
soigner la production.

XI. Suppression des rois, des présidents, des sé-
nats, des parlements, comme des institutions sociales
qui sont hostiles à la paix.

Est-ce que par exemple l'empereur Guillaume II
n'est pas un danger permanent pour la paix? Ces institutions sont surannées et parce qu'elles sont l'instrument aux mains des capitalistes pour servir leurs intérêts contre ceux des peuples, elles sont une menace
pour la paix.

XII. Abolition des ambassadeurs.

Les ambassadeurs sont un anachronisme dans un
siècle de chemins de fer, de télégraphes et de télé-
phones. Chaque ministre peut parler avec son collègue
partout sans intermédiaires qui coûtent beaucoup
d'argent. Dans les grands pays ils forment un danger
permanent, parce que les diplomates vont développer
premièrement leur talent en faisant des complications
des intrigues pour les débrouiller après. C'est le travail de Pénélope, qui filait le jour pour le gâter pendant la nuit. On agit pour mettre la paix en péril,
pour pouvoir prendre l'apparence de sauveur de la
paix, et consolider la position en habile diplomate.
Et dans les petits pays, les ambassadeurs ne sont pas

autre chose qu'un ornement aux soupers et dîners et aux bals. M. Leroy-Beaulieu est d'accord avec nous quand il dit qu'il ne peut pas comprendre le profit et l'intérêt d'avoir des ambassadeurs.

XIII. Réforme dans l'enseignement de l'histoire.

Qu'est-ce qu'est l'histoire dans la plupart des livres ? Une histoire des batailles et des rois sans savoir comment le peuple vivait, travaillait et pensait. Cependant l'histoire des paysans, des artisans, des travailleurs, du peuple, est beaucoup plus instructive et intéressante que celle des fainéants, des rois, de la noblesse, du clergé. L'histoire de la charrue, de la brouette est beaucoup plus importante pour la civilisation que celle de Gabrielle d'Estrées, de la Dubarry, de Mme de Pompadour et des amourettes des rois. L'histoire doit devenir l'histoire de la civilisation, et les tueries, les massacres, les guerres forment plutôt un chapitre dans l'histoire du cannibalisme ; elles n'ont rien à faire avec la civilisation. Mais aussi dans toute l'éducation, dès le commencement, l'esprit guerrier doit être mis de côté. Pas de jouets qui encouragent le militarisme, pas de livres ni d'estampes guerriers pour les enfants, il faut éviter tout ce qui peut développer dans l'esprit de l'enfant la direction guerrière. Je sais bien que l'esprit a changé déjà ici et là, mais ici il y a un grand champ de travail, surtout pour les instituteurs de la jeunesse, car ceux-ci sont encore un instrument aux mains des capitalistes pour gâter l'imagination des enfants et pour faire d'eux des sujets dociles et faciles à conduire.

XV. Abolition des armées permanentes.

La guerre se développe nécessairement des armées, comme la plante se développe de la graine. Même je demande si la paix armée n'est pas beaucoup plus absurde et nuisible que la guerre ? Car la guerre dure quelque temps, mais finit une fois : la paix armée est un état permanent, un fléau pour toute la société. Combien d'argent d'enlevé à la société par les armées permanentes ! Combien de forces arrachées à la production ! C'est aussi une sélection mais non pas naturelle, plutôt artificielle. Ce n'est pas la lutte

pour l'existence (struggle for life) dont Darwin
parle, non, c'est une lutte contre l'existence. Qu'est-
ce que le célèbre darwiniste, le professeur Hæckel,
dit dans son *Histoire de la création des êtres orga-
nisés d'après les lois naturelles*? Il dit : Une domina-
tion, auparavant insoupçonnée, le fatal militarisme, le
fléau de l'Europe actuelle, a obtenu depuis le service militaire obligatoire pour tous, une institution
républicaine liée avec l'armée permanente, qui sert
pour l'usage dynastique absolutiste, pour former un
monstre contre nature (1). Pour agrandir l'armée le
plus possible, les jeunes gens, les plus sains et les plus
forts, sont pris annuellement par un recrutement sévère
dans tous les rangs de la société. Le jeune homme, qui
est le plus fort et le plus normal, a la plus grande
chance d'être tué par les fusils modernes, les canons
de l'artillerie et d'autres instruments de civilisation.

« Tous les faibles, malades et infirmes sont dispensés
de cette sélection militaire, restent chez eux pendant
la guerre, se marient et se multiplient. Plus il est
faible et infirme, plus le jeune homme a la chance
d'échapper au recrutement et de fonder une famille.
Lorsque la fleur de la jeunesse périt au champ de
bataille, le rebut le moins valable a la satisfaction de
se multiplier et de transmettre toutes ses faiblesses
et défauts à la postérité.

« Selon les lois d'hérédité, chez chaque génération, la
faiblesse du corps et de l'esprit, qui se correspondent,
est fatalement plus grande et plus répandue. Il ne
faut donc pas s'étonner qu'en réalité la faiblesse du
corps et du caractère est toujours croissante chez nos
peuples civilisés, et, avec le corps fort et sain, l'esprit
libre et indépendant devient de plus en plus rare. »

---

(1) Dans les premières éditions, jusque dans la cinquième de
1874, on trouve ces mots, mais ils ont disparu « dans les
postérieures, parce que l'auteur est allé glorifier l'homme de
sang et d'acier » comme un des héros à qui l'Allemagne, voire
l'humanité ont les plus grandes obligations. On voit comment en
Allemagne un homme de valeur comme M. Dubois Reymond
pouvait dire en vérité que l'Université est la garde spirituelle
des Hohenzollern. La science se fait la servante docile des rois !
Quelle honte !

Vous voyez, ce ne sont pas les plus forts, les meilleurs qui survivent et se multiplient; au contraire, les plus faibles, les infirmes sont les vainqueurs. Et ce même professeur avait complètement raison, quand il écrivit : « En comparaison avec les progrès étonnants des sciences naturelles, notre système de gouvernement, d'administration, de justice, d'éducation, et toute notre organisation sociale et morale restent en état de barbarie. »

Et l'influence funeste de la vie militaire dans les casernes, ces écoles de civilisation, comme Messieurs les militaristes veulent nous le faire croire ! Nous savons, hélas ! que la civilisation de la caserne ressemble beaucoup à une syphilisation ! Aussi longtemps que les armées permanentes existeront, la guerre montrera son visage menaçant comme une des causes qui engendrent la guerre.

XV. Arbitrage en cas de disputes.

Quand les habitants d'un pays civilisé ont des disputes, ils ne vont pas se battre, mais ils cherchent le chemin de l'arbitrage.

Pourquoi ne ferait-on pas de même, quand les divers pays ont des disputes? Déjà le célèbre Hugo Grotius écrivit un livre sur la Guerre et la Paix, dans lequel il dit que « le parti qui refuse l'arbitrage peut être soupçonné de mauvaise foi ». Certainement nous nous mettons à rire quand on fait usage du mot « droit de la guerre ». Droit de la guerre, c'est comme si l'on parlait d'un cercle carré, car le droit exclut la guerre et la guerre le droit. Même le droit des peuples, qu'on enseigne aux universités, nous semble une curiosité, car, dans la pratique, personne ne se soucie de ce droit. On l'a vu avec les cartouches dum-dum, dont les Anglais font usage en Afrique, et si on le veut savoir ou non, c'est la vérité et cela reste la vérité — une vérité abominable, j'y consens, mais c'est ainsi en réalité — que l'homme qui triomphe même en péchant contre la convention de Genève et contre toutes les conventions possibles sera loué comme un héros, plus que celui qui est vaincu par fidélité aux conventions. L'homme qui peut tuer toute une armée ennemie

en une seconde par quelque invention infernale, fera
son entrée dans son pays, enseveli sous les fleurs de ses
compatriotes.

Pensez aux bouchers comme lord Kitchener, comme
Marchand et beaucoup d'autres, car on les trouve
dans tous les pays. L'arbitrage n'est pas un moyen
infaillible pour tous les cas, mais on a souvent déjà
prévenu une guerre par l'arbitrage. Les cas ne sont
pas si rares qu'on le pense. Eh bien ! pourquoi ne pas
suivre un chemin par lequel on peut prévenir quelques
guerres ?

XVI. La fédération des divers pays comme les Etats-
Unis de l'Europe ainsi qu'on la trouve en Amérique.

Auparavant, les diverses villes, les diverses pro-
vinces avaientla guerre entre elles : c'est fini dès qu'on
a l'unité d'un Etat. Maintenant les Etats font la guerre :
cela finira dès que les Etats seront fédérés, chacun ayant
son autonomie. Toutes les questions comme celles de
Finlande, Pologne et Russie, celles de Slesvig-Hols-
tein, Pologne, Alsace-Lorraine et l'Allemagne, l'Ir-
lande et l'Angleterre, Pologne, Bohême, etc., et Autri-
che vont disparaître, car on a formé une fédération de
divers pays. C'est seulement une question de temps
et de civilisation.

Novicow dit dans son livre *Les Gaspillages des so-
ciétés modernes* : « Elle se fera, non pas le jour où
nous serons doux comme des colombes et où nous nous
aimerons comme des frères, mais le jour où nous la
trouverons conforme à nos intérêts. Il suffirait qu'elle
fût voulue par les classes dirigeantes. Alors chacun de
nous, débarrassé du cauchemar de la spoliation mu-
tuelle, jouira enfin pour la première fois, depuis l'ori-
gine du monde, du fruit de son travail, dans sa pléni-
tude complète. » C'est exagéré, la fédération euro-
péenne n'aura pas ces conséquences, car si cela était
vrai, les classes dirigeantes ne le voudraient jamais.
Non, l'anarchie seule peut avoir cet effet.

XVII. La grève militaire en cas de guerre, et la
grève générale.

Au Congrès de l'Internationale en 1868, on adopta
avec unanimité : « Le Congrès recommande surtout aux

travailleurs de cesser tout travail, dans le cas où une guerre viendrait à éclater dans leurs pays respectifs. Le Congrès compte assez sur l'esprit de solidarité qui anime les travailleurs de tous les pays pour espérer que leur appui ne fera pas défaut à cette guerre des peuples contre la guerre. »

Voilà déjà la grève en cas de guerre.

Quand je proposai la grève militaire au Congrès de Bruxelles en 1891, l'opposition fut grande et on déclara cette proposition utopique et fantastique.

Voilà le progrès du socialisme en vingt ans! Malheureusement c'est un progrès rétrograde.

Quand les ouvriers des divers pays refuseront de se présenter, que feront les gouvernements en cas de mobilisation? L'exemple de quelques-uns entraînerait un grand nombre à les suivre. Peut-on les emprisonner, quand ils sont des milliers? Cela devient impossible. On peut en fusiller quelques-uns pour donner un exemple disciplinaire : mais n'a-t-on pas aussi à sa disposition des moyens pour répondre à cet acte atroce; et enfin, l'insurrection armée n'en sera-t-elle pas la conséquence forcée? Si on refuse systématiquement d'obéir, les plus puissants gouvernements seront incapables de forcer les socialistes à une action fratricide.

Je préfère la guerre civile à la guerre entre les nations, car dans le premier cas on se bat pour une idée, dans le second on se bat pour le plaisir et le profit des autres. On se bat aussi avec ses véritables ennemis. Car qui est l'ennemi de l'ouvrier français? Ce n'est pas l'ouvrier allemand, anglais. Non, c'est le capitaliste français, quoiqu'il parle la même langue, quoiqu'il ait la même patrie. Les ouvriers de tous les pays sont des amis, parce que leurs intérêts sont les mêmes. Les oppresseurs des ouvriers sont partout les puissants, et le triomphe sur eux est l'émancipation des ouvriers, qui gémissent sous le joug de l'oppression.

La patrie, mais c'est un vain mot, car le pays où on vous laisse peiner et mourir de faim mérite-t-il le nom de patrie? Non, on vous a volé votre patrie et c'est pourquoi vous ne pouvez pas avoir de l'amour pour la patrie.

Que les gouvernements soient avertis que les anarchistes ne seront pas si naïfs, ni si stupides de s'entr'égorger pour faire le jeu de leurs adversaires. Le plus beau moment, au 18 mars 1871, fut la fraternisation des soldats avec leurs frères, les ouvriers. Eh bien ! qu'on fasse de la propagande pour la fraternisation des armées à la face des chefs, qui pâliront d'effroi à ce spectacle grandiose.

Mais ce qui est nécessaire, c'est la dynamite à l'usage du peuple. Le développement du militarisme, l'amélioration des armes dans les derniers temps ont rendu impossible la lutte du peuple dans les rues et sur les barricades.

Pour l'émancipation du prolétariat, la dynamite, ou quelque autre explosif, peut avoir le même effet que la poudre à canon a eu pour la délivrance de la population des villes au moyen âge. Qui nous fournit les explosifs nécessaires pour dompter les armées et la police, de sorte qu'elles ne sont sûres à aucun moment?

Qui nous fournit les cartouches de dynamite sous une telle forme qu'on puisse les porter chez soi, dans sa poche, sans danger? Frédéric Engels disait une fois : Donnez à chaque citoyen un bon fusil et cinquante cartouches, et vous aurez la meilleure garantie pour la liberté d'un peuple.

Eh bien ! nous disons : Donnez à chaque citoyen cinquante cartouches de dynamite et vous aurez la meilleure garantie pour la liberté contre l'arbitraire de la police et des gouvernements.

Mais les ouvriers ont aussi entre leurs mains les moyens d'empêcher chaque guerre. Supposez, par exemple, que les ouvriers des transports, par terre et par eau, les ouvriers des ports et des chemins de fer, commencent la grève, quel moyen auront les gouvernements pour transporter les soldats? Ils rendent impossible aux armées de se rapprocher, et le but doit être d'empêcher les armées de s'approcher. Récemment nous avons lu qu'une grève de chauffeurs anglais et de muletiers à New-Orléans avait eu pour effet d'empêcher l'embarquement de 1.400 mulets pour l'Afrique du Sud. Bravo! C'est ainsi qu'il faut commencer! La guerre est impossible, dès qu'on empêche le transport des soldats, des chevaux, des mulets, des canons, des munitions, des vivres. Continuons donc notre propagande pour faire germer l'idée du refus de service en cas de guerre, accompagné de la grève générale.

L'idée fera son chemin. Faisons tout notre possible pour que les anarchistes, les seuls vraiment révolutionnaires et internationaux, comprennent enfin que le prolétariat du monde entier doit risquer son sang uniquement contre son seul et véritable ennemi : le capitalisme.

XVIII. La résistance passive et le refus individuel.

Ce que la grève fait collectivement, est fait individuellement par la résistance passive. Le refus du service militaire est un des moyens propres à lutter contre les gouvernements. Mais ce refus exige une force morale extraordinaire, car pour résister aux tourments et tracasseries auxquelles on s'expose, un caractère presque urhumain est nécessaire. Vous connaissez le courage le caractère des Doukhobors russes, qui, malgré ates les souffrances, ont persévéré dans leur refus du service militaire. Chapeau bas devant ces héros, non as en Russie, mais partout. Chez nous, dans les Pays-Bas, nous avons eu l'année dernière deux jeunes gens qui ont refusé le service militaire. L'un d'eux était un anarchiste chrétien : il a subi une punition de prison pendant quelques mois, et il a succombé. L'autre, au contraire, un anarchiste individualiste, a supporté sa première punition de prison pendant une année entière. Sorti de prison au mois de mai, on lui a de nouveau demandé s'il voulait faire son service militaire. Il refusa encore une fois, et, comme récidiviste, on l'a recondamné pour un an et quatre mois. Il reste fidèle et on s'étonne d'un tel caractère, car il n'y a pas longtemps qu'il écrivait de la prison : « Ma conviction m'est plus chère que la vie. On peut me prendre la vie, mais ma conviction, jamais ! » Et quand l'homme dit : Je ne veux pas tuer, le gouvernement répond après vingt siècles de christianisme et de civilisation : A la prison, ce malfaiteur ! pour lui, pas de place dans notre société ; il est dangereux pour l'ordre actuel.

Eh bien! je vous propose de lui envoyer un salut d'honneur et de témoigner que son acte est à nos yeux beaucoup plus héroïque que les bravoures de la guerre. Une société qui permet que les meilleurs de ses fils souffrent en prison, n'est pas digne d'exister. Et nous disons que l'acte individuel de ce jeune homme doit avoir nécessairement une grande influence. Et quand ces exemples se multiplient, ces courageux sont les pionniers d'une ère nouvelle, l'ère de la civilisation réelle qui n'a rien à faire avec la civilisation hypocrite qui est le caractère de notre temps actuel.

XIX. Favoriser le développement général et les conditions de bien-être pour tout le monde.

Si les hommes ont quelque chose à perdre par la guerre, ils ont intérêt à conserver la paix. Il viendra un temps où la guerre sera considérée comme un reste de la barbarie, quand les hommes voyaient dans la force le seul moyen d'obtenir un soi-disant droit, et de finir les querelles. L'opinion de beaucoup de personnes que l'*ultima ratio* des peuples, comme auparavant des princes, sera à l'avenir le canon n'est pas la nôtre et l'histoire de la civilisation ne parle pas en faveur de la vérité de cette thèse. Il y avait un temps dans lequel on considérait le duel comme le seul moyen de réparer son honneur, maintenant on devient de plus en plus ridicule quand on pense que l'honneur a quelque chose à faire avec le versement de sang. Eh bien! il en est de même pour la guerre. Il n'est pas question si toutes les querelles finiront et si on verra une société d'anges dans l'avenir; mais pourquoi l'homme, qui est un être raisonnant, aurait-il besoin de se battre pour terminer ses querelles?

Un être qui pense, n'agit pas avec des moyens de violence, mais avec des arguments. Et c'est pourquoi le roi Frédéric II a raison, quand il dit que si ses soldats commencent à penser, aucun d'eux ne restera dans les rangs.

Qu'est donc une armée? Une collection de personnes qui ne pensent pas, d'instruments dociles,

avec lesquels les chefs peuvent faire ce qu'ils veulent.
L'armée est par conséquent carrément contre l'humanité, parce qu'elle est le contraire de l'homme comme être pensant, comme caractère, comme individu.

Le principe du type militaire est le concours forcé; mais qu'est-ce que le concours forcé, sinon un autre nom mis pour esclavage et despotisme? C'est pourquoi le militarisme est une attaque directe à la civilisation. C'est le célèbre philosophe Kant qui, dans son projet de paix perpétuelle, dit que toutes les craties, que ce soit l'autocratie, l'aristocratie ou la démocratie (gouvernement d'un seul, des meilleurs ou du peuple), sont funestes et despotiques. A bas donc les craties; mais qu'est-ce donc autre que l'anarchie ou l'acratie?

En nous réunissant sous le drapeau rouge, nous oublions les drapeaux nationaux, et quand le dernier canon sera brisé par l'anarchisme, qui est humanitaire et civilisateur, comme le peintre Wiertz, de Bruxelles, nous le laisse voir dans un de ses tableaux, le drapeau blanc de la paix sera arboré partout, car le triomphe du prolétariat, c'est la paix sociale et internationale, c'est la république universelle sans distinction de nationalité, de sexe, de race et de couleur. Le refus du travail, le refus du service militaire sont les moyens les plus efficaces, c'est jeter la révolution sous les jambes des armées en marche.

Quand les gouvernements déclarent la guerre, c'est un acte révolutionnaire et nous avons le droit, même le devoir d'y répondre avec la révolution.

Quand on est attaqué, on a le droit de se défendre. Eh bien ! la guerre est une attaque à notre vie, à notre bien-être, à notre liberté, à l'humanité et nous défendons, au nom de la civilisation, l'humanité contre les canons et les fusils de nos oppresseurs.

De l'audace, encore de l'audace, toujours de l'audace — voilà ce qu'il faut, et le triomphe est à nous, car l'anarchie c'est l'ordre, c'est la paix, c'est la suppression du paupérisme, c'est la liberté.

PARIS. — IMPRIMERIE CHARLES BLOT, RUE BLEUE,